CLAUDE COTTI

PRESIDENT DE LA SOCIETE ACADEMIQUE
DES ARTS LIBERAUX DE PARIS

LE TIGRE
ET LE ROSEAU

POÈMES COSMIQUES

ILLUSTRATIONS DE L'AUTEUR, DE † ROSA-MARIA DONATO,
DE MARGUERITE DU BORD, DE LILIA-A. PEREIRA DA SILVA,
D'ANA MARIA LISBOA MORTARI, DE LAURA IAKOWSKI CYRILLO,
DE MARIA DA GRAÇA NOBRE DE CAMPOS, D'IRACEMA KAJIMOTO,
DE JOAO BENEDITO MARTINS RAMOS,
DE CANDICE MARTINS SILVA, D'OLAVO SOARES,
D'IZABELA SANTOS DA ROCHA LOURES,
DE LARISSA SANTOS DA ROCHA LOURES,
DE JEAN MAÐON ET DE GUY DE RUDDER.

SOCIETE ACADEMIQUE DES ARTS LIBERAUX
DE PARIS
MCMLXXXV

LE TIGRE ET LE ROSEAU

IL A ETE TIRE DE CET OU-
VRAGE 1 000 EXEMPLAIRES SUR
VELIN BOUFFANT, SORTIS DES
PRESSES DE L'IMPRIMERIE
R E P R O T Y P, A CONDE-SUR-
NOIREAU, QUI CONSTITUENT LA
PRESENTE EDITION ORIGINALE

CLAUDE COTTI

PRESIDENT DE LA SOCIETE ACADEMIQUE
DES ARTS LIBERAUX DE PARIS

LE TIGRE
ET LE ROSEAU

POÈMES COSMIQUES

ILLUSTRATIONS DE L'AUTEUR, DE † ROSA-MARIA DONATO,
DE MARGUERITE DU BORD, DE LILIA-A. PEREIRA DA SILVA,
D'ANA MARIA LISBOA MORTARI, DE LAURA IAKOWSKI CYRILLO,
DE MARIA DA GRAÇA NOBRE DE CAMPOS, D'IRACEMA KAJIMOTO,
DE JOAO BENEDITO MARTINS RAMOS,
DE CANDICE MARTINS SILVA, D'OLAVO SOARES,
D'IZABELA SANTOS DA ROCHA LOURES,
DE LARISSA SANTOS DA ROCHA LOURES,
DE JEAN MADON ET DE GUY DE RUDDER.

**SOCIETE ACADEMIQUE DES ARTS LIBERAUX
DE PARIS**
MCMLXXXV

SOCIETE ACADEMIQUE DES ARTS LIBERAUX DE PARIS

MCMLXXXV

AVERTISSEMENTS

1° PROPRIETE - L'Association garantit par ses Statuts à tous ses membres la libre disposition des œuvres qu'elle publie. Ceux-ci déclarent accepter les conditions de l'Association, lui donner leur autorisation de reproduction dans sa collection et la garantir contre tout recours de ce fait, même en cas d'appel en garantie et de pluralité de demandeurs, si les auteurs se sont dessaisis des droits sur les œuvres publiées ici, que l'Association ne saurait revendiquer. Seuls les membres de l'Association peuvent être publiés par elle.

2° COMPETENCE - Les personnes dont le nom, après avoir figuré sur les listes publiées dans les précédentes publications, ne figure plus dans le présent volume, ne peuvent ignorer qu'elles ont, par leur silence, abandonné l'Association. Tout usage de leur nom les présentant comme membres actuels de l'Association n'est pas conforme à la définition de la délicatesse pratiquée par les membres et, en cas de refus de rectification et de cessation de cet usage, expose à tout recours de droit, aucune dérogation antérieure de fait ne pouvant faire novation.

3° USAGE - L'Association n'accorde son patronage à aucun envoi systématique à ses membres de bulletins de souscription, d'abonnement, de participation, d'admission et autres demandes d'argent au profit ou en faveur de tiers, même membres de l'Association. Les demandes de l'Association doivent émaner du Président, et avoir pour seul but de faire connaître l'œuvre ou d'honorer la personne des membres. Conformément aux Statuts, le Président ne peut déléguer ses pouvoirs qu'à la Secrétaire générale et au Trésorier général.

4° RECRUTEMENT - Toute personne qui se croit un talent d'écrivain ou d'artiste peut adresser une demande au Président, qui examinera l'œuvre ainsi soumise avec compréhension et discrétion. *Quoique sans obligation de périodicité, l'appartenance à l'Association est réservée à ceux qui ont publié dans sa Collection ou qui ont des intentions précises de le faire.*

SOCIETE ACADEMIQUE DES ARTS LIBERAUX DE PARIS

Association culturelle sans but lucratif
Déclarée à la Préfecture de Police de Paris sous le n° 62/1160
FR ISSN 0081-072X
Editeur ISBN 2-85305

3, avenue Chanzy, Boîte Postale 49
94210 La Varenne-Saint-Hilaire
(Commune de Saint-Maur-des-Fossés, Val-de-Marne, France)
Téléphone : Paris (1) 42-83-36-03

Déléguée générale honoraire :
† Comtesse Rosa-Maria Donato di Triscelon

Délégations générales : Rome et São Paulo

COMITE CENTRAL

PROMOTEUR :
>   Claude COTTI, Président

ADMINISTRATEUR
>   Alice COTTI, Secrétaire générale

RESPONSABLE TECHNIQUE :
>   Jean MADON, Trésorier général

CONSEILLER ARTISTIQUE :
>   Comtesse Francesca DONATO DI TRISCELON
>   Déléguée générale (Rome)

DELEGUEE DU PRESIDENT :
>   Marguerite du BORD, en Suisse

CONSEILLER LITTERAIRE :
>   Maître Lilia-Aparecida PEREIRA DA SILVA
>   Déléguée générale (São Paulo)

ASSESSEURS :
>   Maître Ana Maria LISBOA MORTARI, à São Paulo
>   Iracema KAJIMOTO, à São Paulo
>   Olavo SOARES, à São Paulo
>   Vera Lilia SANTOS DA ROCHA LOURES, à São Paulo
>   Rodrigo SANTOS DA ROCHA LOURES, à São Paulo
>   Alexandre SANTOS DA ROCHA LOURES, à Curitiba
>   Izabela SANTOS DA ROCHA LOURES, à São Paulo
>   Larissa SANTOS DA ROCHA LOURES, à São Paulo
>   Laura IAKOWSKI CYRILLO, à São Paulo
>   João Bénédito MARTINS RAMOS, à São Paulo
>   Candice MARTINS SILVA, à São Paulo
>   Maria DA GRAÇA NOBRE DE CAMPOS, à São Paulo
>   Guy de RUDDER, à Cagnes-sur-Mer
>   ZERVINE, à Aulnay-sous-Bois
>   Huguette MANCZAK, à Montauban

Dans la même collection
FR ISSN 0081-072X

OUVRAGES DE CLAUDE COTTI

OUVRAGES DE CLAUDE COTTI

Quai de Ville neuve
Illustrations de l'auteur.
ISBN 2-85305-056-4

**Dictionnaire de composition
poétique française classique**
Illustrations de l'auteur,
de Marcel Meeus,
de Fabrice Meeus
et de Marguerite du Bord.
ISBN 2-85305-076-9

Et cetera
Illustrations de l'auteur,
de Rosa-Maria Donato
et de Lilia-A. Pereira da Silva.
ISBN 2-85305-058-0

Quelques vers à l'escale
Illustrations de l'auteur,
de Rosa-Maria Donato,
de Lilia-A. Pereira da Silva
et de Marguerite du Bord.
ISBN 2-85305-059-9

Odes en qinquonces
Illustrations de l'auteur,
de Rosa-Maria Donato,
de Lilia-A. Pereira da Silva,
de Marguerite du Bord
et d'Iracema Kajimoto.
ISBN 2-85305-062-9

La Lyre et la Flûte
Illustrations de l'auteur,
de Rosa-Maria Donato,
de Lilia-A. Pereira da Silva,
de Marguerite du Bord
et d'Iracema Kajimoto.
ISBN 2-85305-063-7

Hymne au Multiple
Illustrations de l'auteur,
de Rosa-Maria Donato,

de Lilia-A. Pereira da Silva,
de Marguerite du Bord,
d'Iracema Kajimoto
et de Neide Ferreira Turra.
ISBN 2-85305-064-5

Mots d'ailleurs
Illustrations de l'auteur,
de Rosa-Maria Donato,
de Lilia-A. Pereira da Silva,
de Marguerite du Bord,
de Neide Ferreira Turra
et d'Olavo Soares.
ISBN 2-85305-065-3

Pour quoi pourquoi ?
Illustrations de l'auteur,
de Rosa-Maria Donato,
de Lilia-A. Pereira da Silva,
de Marguerite du Bord,
de Neide Ferreira Turra
et d'Olavo Soares.
ISBN 2-85305-066-1

Les Heures et les Douzaines
Illustrations de l'auteur,
de Rosa-Maria Donato,
de Lilia-A. Pereira da Silva,
de Marguerite du Bord
et d'Olavo Soares.
ISBN 2-85305-067-X

Sous l'anneau de Gygès
Illustrations de l'auteur,
de Rosa-Maria Donato,
de Marguerite du Bord,
de Lilia-A. Pereira da Silva,
d'Iracema Kajimoto,
de Neide Ferreira Turra,
d'Olavo Soares,
de Carlos Alberto Turra,
de Rodrigo, Izabela et
Larissa Santos da Rocha Lourès.
ISBN 2-85305-068-8

OUVRAGES DE CLAUDE COTTI

La Parabole des Soleils Perdus
Illustrations de l'auteur,
de Rosa-Maria Donato,
de Marguerite du Bord,
de Lilia-A. Pereira da Silva,
d'Iracema Kajimoto,
de Neide Ferreira Turra,
d'Olavo Soares,
de Carlos Alberto Turra,
de Rodrigo, Izabela et
Larissa Santos da Rocha Lourès.
ISBN 2-85305-069-6

Par les soins d'Imhotep
Illustrations de l'auteur,
de Marcel Meeus,
de Rosa-Maria Donato,
de Marguerite du Bord,
de Lilia-A, Pereira da Silva,
d'Iracema Kajimoto,
de Neide Ferreira Turra,
d'Olavo Soares,
d'Ana Maria Lisboa Mortari,
de Fabrice Meeus,
d'Izabela et Larissa Santos
da Rocha Lourès.
ISBN 2-85305-071-8

Des fleurs pour Callisto
Illustrations de l'auteur,
de Marcel Meeus,
de Rosa-Maria Donato,
de Marguerite du Bord,
de Lilia-A Pereira da Silva,
d'Iracema Kajimoto,
d'Ana Maria Lisboa Mortari,
de Fabrice Meeus,
d'Izabela et Larissa Santos
da Rocha Lourès.
ISBN 2-85305-072-6

Le nœud de Gordias
Illustrations de l'auteur,

de Marcel Meeus,
de Rosa-Maria Donato,
de Marguerite du Bord,
de Lilia-A. Pereira da Silva,
d'Iracema Kajimoto,
de Neide Ferreira Turra,
d'Ana Maria Lisboa Mortari,
d'Olavo Soares,
de Fabrice Meeus,
d'Izabela et Larissa Santos
da Rocha Lourès.
ISBN 2-85305-073-4

Iambes aux cris d'Erato
Illustrations de l'auteur,
de Marcel Meeus,
de Rosa-Maria Donato,
de Marguerite du Bord,
de Lilia A.-Pereira da Silva,
d'Iracema Kajimoto,
de Neide Ferreira Turra,
d'Ana Maria Lisboa Mortari,
d'Olavo Soares,
de Fabrice Meeus,
d'Izabela et Larissa Santos
da Rocha Lourès.
ISBN 2-85305-074-2

Par la matière et par l'esprit
Illustrations de l'auteur,
de Marcel Meeus,
de Rosa-Maria Donato,
de Marguerite du Bord,
de Lilia-A. Pereira da Silva,
d'Iracema Kajimoto,
de Neide Ferreira Turra,
d'Ana Maria Lisboa Mortari,
d'Olavo Soares,
de Fabrice Meeus,
d'Izabela et Larissa Santos
da Rocha Lourès.
ISBN 2-85305-075-0

OUVRAGES DE CLAUDE COTTI

D'un cheveu de Neptune
Illustrations de l'auteur,
de Marcel Meeus,
de Rosa-Maria Donato,
de Marguerite du Bord,
d'Iracema Kajimoto,
de Neide Ferreira Turra,
d'Ana Maria Lisboa Mortari,
d'Olavo Soares,
de Fabrice Meeus,
d'Izabela et Larissa Santos
da Rocha Lourès.
ISBN 2-85305-077-7

Réjouis-toi, myste !
Illustrations de l'auteur,
de Marcel Meeus,
de Rosa-Maria Donato,
de Marguerite du Bord,
de Lilia-A. Pereira da Silva,
d'Iracema Kajimoto,
d'Ana Maria Lisboa Mortari,
d'Olavo Soares,
de Fabrice Meeus,
d'Izabela et Larissa Santos
da Rocha Lourès.
ISBN 2-85305-078-5

Il y eut la lueur...
Illustrations de l'auteur,
de Rosa-Maria Donato,
de Marguerite du Bord,
de Lilia-A. Pereira da Silva,
d'Iracema Kajimoto,
de Neide Ferreira Turra,
d'Ana Maria Lisboa Mortari,
d'Olavo Soares,
de Fabrice Meeus,
d'Izabela et Larissa Santos
da Rocha Lourès
et de Carlos Alberto Turra.
ISBN 2-85305-079-3

Le verbe dénombra
Illustrations de l'auteur,
de Rosa-Maria Donato,
de Marguerite du Bord,
de Lilia-A. Pereira da Silva,
d'Iracema Kajimoto,
de Neide Ferreira Turra,
d'Ana Maria Lisboa Mortari,
d'Olavo Soares,
de Fabrice Meeus,
d'Izabela et Larissa Santos
da Rocha Lourès.
ISBN 2-85305-080-7

Le singe qui a dit : non !
Illustrations de l'auteur,
de Rosa-Maria Donato,
de Marguerite du Bord,
de Lilia-A. Pereira da Silva,
d'Iracema Kajimoto,
de Neide Ferreira Turra,
d'Ana Maria Lisboa Mortari,
d'Olavo Soares,
de Fabrice Meeus,
d'Izabela et Larissa Santos
da Rocha Lourès.
ISBN 2-85305-081-5

La Parole et la Chaire
Illustrations de l'auteur,
de Rosa-Maria Donato,
de Marguerite du Bord,
de Lilia-A. Pereira da Silva,
d'Iracema Kajimoto,
de Neide Ferreira Turra,
d'Ana Maria Lisboa Mortari,
d'Olavo Soares,
de Carlos Alberto Turra,
d'Izabela et Larissa Santos
da Rocha Lourès.
ISBN 2-85305-082-3

OUVRAGES DE CLAUDE COTTI

La source et le reflet
Illustrations de l'auteur,
de Rosa-Maria Donato,
de Marguerite du Bord,
de Lilia-A. Pereira da Silva,
d'Iracema Kajimoto,
de Neide Ferreira Turra,
d'Ana Maria Lisboa Mortari,
d'Olavo Soares,
de Carlos Alberto Turra,
d'Izabela et Larissa Santos
da Rocha Lourès.
ISBN 2-85305-083-1

L'Antinéa de Jabbaren
Illustrations de l'auteur,
de † Rosa-Maria Donato,
de Marguerite du Bord,
de Lilia-A. Pereira da Silva,
d'Iracema Kajimoto,
de Neide Ferreira Turra,
d'Ana Maria Lisboa Mortari,
d'Olavo Soares,
de Carlos Alberto Turra,
de Rodrigo, Izabela et
Larissa Santos da Rocha Lourès
ISBN 2-85305-084-X

L'Atlante métastable
Illustrations de l'auteur,
de † Rosa-Maria Donato,
de Marguerite du Bord,
de Lilia A. Pereira da Silva,
d'Iracema Kajimoto,
de Neide Ferreira Turra,
d'Ana Maria Lisboa Mortari,
de Laura Iakowski Cyrillo,
d'Olavo Soares,
de Carlos Alberto Turra,

de Fabrice Meeus,
de Vera Lilia, Rodrigo, Izabela
et Larissa Santos
da Rocha Lourès.
ISBN 2-85305-085-8

L'Enfant parla en Etrurie
Illustrations de l'auteur,
de † Rosa-Maria Donato,
de Marguerite du Bord,
de Lilia-A. Pereira da Silva,
d'Iracema Kajimoto,
de Neide Ferreira Turra,
d'Ana Maria Lisboa Mortari,
de Laura Iakowski Cyrillo,
d'Olavo Soares,
de Carlos Alberto Turra,
de Vera Lilia, Rodrigo, Izabela
et Larissa Santos
da Rocha Lourès.
ISBN 2-85305-086-6

Détruire les ailes du vent
Illustrations de l'auteur,
de † Rosa-Maria Donato,
de Marguerite du Bord,
de Lilia-A. Pereira da Silva,
d'Iracema Kajimoto,
de Neide Ferreira Turra,
d'Ana Maria Lisboa Mortari,
de Laura Iakowski Cyrillo,
d'Olavo Soares,
de Carlos Alberto Turra,
de Vera Lilia, Alexandre,
Rodrigo, Izabela et Larissa
Santos da Rocha Lourès
et de Guy de Rudder.
ISBN 2-85305-087-4

OUVRAGES DE CLAUDE COTTI

Une fleur pour Narcisse
Illustrations de l'auteur,
de † Rosa-Maria Donato,
de Marguerite du Bord,
de Lilia-A. Pereira da Silva,
d'Iracema Kajimoto,
de Neide Ferreira Turra,
d'Ana Maria Lisboa Mortari,
de Laura Iakowski Cyrillo,
d'Olavo Soares,
de Carlos Alberto Turra,
de Vera Lilia, Alexandre,
Izabela et Larissa
Santos da Rocha Lourès,
de Jean Madon
et de Guy de Rudder.
ISBN 2-85305-088-2

La voûte et le berceau
Illustrations de l'auteur,
de † Rosa-Maria Donato,
de Marguerite du Bord,
de Lilia-A. Pereira da Silva,
d'Iracema Kajimoto,
de Neide Ferreira Turra,
d'Ana Maria Lisboa Mortari,
de Laura Iakowski Cyrillo,
d'Olavo Soares,
de Carlos Alberto Turra,
de Vera Lilia, Izabela et Larissa
Santos da Rocha Lourès,
de Jean Madon
et de Guy de Rudder.
ISBN 2-85305-089-0

La Porte et l'Au-delà
Illustrations de l'auteur,
de † Rosa-Maria Donato,
de Marguerite du Bord,
de Lilia-A. Pereira da Silva,
d'Iracema Kajimoto,
de Neide Ferreira Turra,
d'Ana Maria Lisboa Mortari,
de Laura Iakowski Cyrillo,
d'Olavo Soares,
de Carlos Alberto Turra,
d'Izabela et Larissa
Santos da Rocha Lourès,
de Jean Madon
et de Guy de Rudder.
ISBN 2-85305-090-4

La Nuit des Renouveaux
Illustrations de l'auteur,
de † Rosa-Maria Donato,
de Francesca Donato,
de Marguerite du Bord,
de Lilia-A. Pereira da Silva,
d'Iracema Kajimoto,
de Neide Ferreira Turra,
d'Ana Maria Lisboa Mortari,
de Laura Iakowski Cyrillo,
d'Olavo Soares,
de Carlos Alberto Turra,
d'Izabela et Larissa
Santos da Rocha Lourès,
de Jean Madon
et de Guy de Rudder.
ISBN 2-85305-091-2

La Courbe et le Sommet
Illustrations de l'auteur,
de † Rosa-Maria Donato,
de Marguerite du Bord,
de Lilia-A. Pereira da Silva,
d'Iracema Kajimoto,
de Neide Ferreira Turra,
d'Ana Maria Lisboa Mortari,
de Laura Iakowski Cyrillo,
d'Olavo Soares,
d'Izabela et Larissa
Santos da Rocha Lourès,
de Jean Madon
et de Guy de Rudder.
ISBN 2-85305-092-0

OUVRAGE DE CLAUDE COTTI

Le Verbe et le désert
Illustrations de l'auteur,
de † Rosa-Maria Donato,
de Marguerite du Bord,
de Lilia-A. Pereira da Silva,
d'Ana Maria Lisboa Mortari,
de Laura Iakowski Cyrillo,
d'Iracema Kajimoto,
de Neide Ferreira Turra,
d'Olavo Soares,
de Joao Bénédito
Martins Ramos,
de Candice Martins Silva,
d'Izabela et Larissa Santos
da Rocha Lourès,
de Jean Madon
et de Guy de Rudder.
ISBN 2-85305-093-9

Le Tigre et le roseau
Illustrations de l'auteur,
de † Rosa-Maria Donato,
de Marguerite du Bord,
de Lilia-A. Pereira da Silva,
d'Ana Maria Lisboa Mortari,
de Laura Iakowski Cyrillo,
de Maria da Graça
Nobre de Campos,
d'Iracema Kajimoto,
de Joao Benedito
Martins Ramos,
de Candice Martins Silva,
d'Olavo Soares,
d'Izabela et Larissa Santos
da Rocha Lourès,
de Jean Madon
et de Guy de Rudder.
ISBN 2-85305-094-7

† Rosa-Maria Donato :
Le livre que je présente aujourd'hui

PREFACE DE L'AUTEUR

Izabela Santos da Rocha Lourès :
Ainsi l'homme fait-il savoir ce qu'il lui plaît

PREFACE

1. Le livre que je présente aujourd'hui est plus largement qu'un autre dédié aux poètes de tous les temps et tous les pays. Certes, je reste un poète philosophe, à l'écoute de la science et du cœur humain ; « Le Tigre et le roseau », c'est d'abord le Tigre, compagnon de l'Euphrate, fleuve de l'antique Mésopotamie, au bord des marais duquel Oannès enseigna d'abord l'écriture, bien avant le déluge, et c'est aussi le roseau, le roseau pensant qui écoute et perpétue cet enseignement, le roseau de Midas, le roi qui a des oreilles d'âne, le roseau de Pascal, qui est l'homme même dans sa sagesse, et qui, comme chez le bon La Fontaine, plie devant le chêne, devant la tempête, mais ne rompt pas.

2. Ainsi l'homme fait-il du savoir ce qu'il lui plaît, tout le bien et tout le mal, comme l'arbre même du bien et du mal de la Bible, ou comme les langues d'Esope. De la confusion des langues est né tout le mal. Si la tradition de la poésie française et occidentale remonte largement au paganisme gréco-latin, par le patronage même des Muses, divinités secondaires à qui les Beaux-Arts sont dédiés, quoique Uranie soit la Muse de l'astronomie, ceci est dans le domaine des idées, non de la forme, puisque la poésie gréco-latine est basée sur la mesure de l'accent tonique avec absence de rime ; la rime, elle, nous vient bel et bien de la poésie arabe, à partir de l'expansion de l'Islam, donc avant les Croisades.

Elle a été créée à partir de l'écriture consonantique passant à un alphabet vocalique, l'écriture désormais des voyelles jadis absentes de la graphie permettant de greffer les sons à son aise sur les radicaux, les premiers poètes chanteurs et conteurs arabes pratiquant au début la monorime, d'ailleurs trés répandue d'autre part, jusqu'à l'ancienne poésie chinoise.

3. Dans ces poésies orientales qui furent un vrai creuset pour l'Europe, les premiers vers étaient courts, et les premières strophes aussi, et s'amplifièrent peu à peu, pour donner toute une littérature diversifiée, à partir d'un archétype donné, comme la qacîda des poètes arabes ou le genre « fou » en Chine (mot de la langue chinoise non traduit, et non adjectif de sens français).

4. C'est ainsi que naquirent les poèmes à forme fixe, comme la tanka japonaise, d'où est sorti l'haï-kaï, qui put être adapté en français, le pantoum malais, adapté également, par Théodore de Banville, ou encore le ghazel iranien, d'abord adapté en allemand et dans les langues germaniques, mais que j'ai moi-même adapté en français, et dont le rythme en onze annonce notre ère du calcul binaire universel (onze est un à côté de un, en système décimal), calcul binaire de l'alternative suprême dans la synergie cosmique, ce qui revient au choix primitif de la Genèse, du Bien et du Mal, et ainsi le cycle total est bouclé, la chaîne des Ages, grâce à la poésie.

5. Il ne faut pas croire, après le lyrisme antique et la leçon de l'Orient, que notre poésie au Moyen Age, pas plus en France qu'ailleurs, en Occident, soit bégayante et dans l'enfance. La langue, qui par suite de l'évolution naturelle, n'est pas encore la même que les langues vivantes actuelles, est très belle, mais différente, et il n'est pas exact qu'elle ne soit pas fixée dans les noms et les adjectifs, mais ceux-ci ont encore à cette époque une déclinaison, moins fournie

Lilia-A. Pereira da Silva : *C'est de notre Moyen Age*

qu'en latin, mais qui va disparaître, sauf en roumain, dans les langues romanes, disparaître aussi en anglais et en néerlandais, mais maintenue en allemand et dans les langues scandinaves, et surtout dans les langues slaves et autres, de l'Europe et d'Orient (sauf les langues monosyllabiques, non concernées). La déclinaison russe, même en russe moderne, est particulièrement fournie, riche en cas, ce qui a une influence sur la poésie et le lyrisme vocal.

6. C'est de notre Moyen Age que datent les poèmes à forme fixe sous l'influence de l'Orient ; ainsi nous devons beaucoup dans ce domaine aux Arabes, et ensuite aux Iraniens, et même aux pays sous l'influence de l'Inde et de la Chine, mais toujours par l'intermédiaire des Arabes, grâce à l'expansion de l'Islam en Méditerranée. Pour nous, les Européens, les Arabes furent les pères de la science au Moyen Age, nous transmettant même la philosophie grecque, jusqu'à ce que notre Renaissance survienne peu à peu, d'abord en Italie, puis en Flandre, ensuite partout ; alors les Arabes, et l'Islam, qui avait détruit l'empire byzantin, dernier et somptueux fragment de l'Antiquité chrétienne, ayant rempli leur rôle universel, se replièrent sur eux-mêmes, et les Européens firent la conquête du monde, renouvelant la science et la poésie reçues.

7. Amyot ayant traduit Plutarque à la demande de François Ier, l'ami du sultan des Turcs Soliman le Magnifique, qui lui aussi fomenta en Turquie une Renaissance poétique, les Européens oublièrent cette autre face de la Renaissance, et se crurent seuls détenteurs de l'héritage des Grecs ; cette erreur isola haineusement l'une en face de l'autre les deux rives de la Méditerranée, et seule la poésie peut lutter contre cela, comme au temps des guerres médiques et des aèdes, puisque les hommes ne sont pas assez sages, et que les mères pleurent, quand les enfants en larmes ne peuvent plus écou-

ter les poètes. *La notoriété posthume vint à La Fontaine comme à Swift, lorsque la postérité fit de leurs œuvres des chefs-d'œuvre de la littérature enfantine, ce qu'elles n'étaient pas, mais des polémiques voilées contre le gouvernement et les institutions de l'époque, ce que nous ne comprenons plus, sauf les spécialistes.*

8. *Et pourtant !... « Selon que vous serez puissants ou misérables, les jugements de Cour vous feront blancs ou noirs. » Ce n'est pas pour enfants, cela ! Hélas !... Mais c'est dans La Fontaine. En fait, il fallait être courageux pour écrire cela, c'est pourquoi la mort du poète concerne tous les hommes, tel Byron, mort à Missolonghi pour défendre la Grèce, la patrie de la poésie, la défendre comme au temps des guerres médiques. Mais n'oublions pas que ceux d'en face sont aussi de grands poètes et des êtres humains, et que la paix, du monde, du cœur et de l'esprit, ne viendra pas de la dernière vengeance, qui en appelle toujours une autre, mais de la première main tendue, et nous survivrons si l'amitié de François Ier et de Soliman le Magnifique est plus qu'une dérision, mais une promesse éternelle pour que les deux faces de la Renaissance se réunissent enfin dans la paix retrouvée, et pour la Poésie, à jamais.*

Claude COTTI
*Président de la Société Académique
des Arts Libéraux de Paris*

Iracema Kajimoto : *Pour la Poésie, à jamais*

LE TIGRE ET LE ROSEAU

POÈMES COSMIQUES

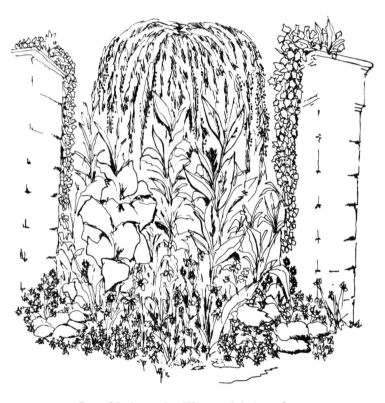

Jean Madon : *Le Nil courbé de palmes*

LE TIGRE ET LE ROSEAU

I

Le Nil courbé de palmes endormait le désert,
Sous Imhotep ministre, au front de pyramide,
Chef de gouvernement du pharaon disert
Djoser, le plus ancien à nommer sans cnémide
Un maître après lui dieu, que, courbe, l'ordre sert,
Mais, seul, le pharaon montait au ciel humide,
Du sein de mastaba, quand la mort le dessert,
Par la marche taillée où l'orgueil est timide,
Au style tout nouveau qui verra la chlamyde,
Et le peuple mourait, sans immortalité,
Quand il se révolta sous Nitocris beauté,
Pour recevoir son âme, éternelle et gnomide,
Fruit de l'extraterrestre avec sa vérité,
Ba, ka, voyage astral vers l'homme-dieu vanté,
Comme au temps du refus dont l'amour s'intimide,
Or d'unique cellule en momie, athanor
Peut retrouver mémoire et forme, au vent numide
Jadis la matriarche ainsi gardait l'essor,
Et le livre de Thot en disait le trésor,
Comme en la vierge-mère un implant par mentor
Tout fécondé d'avance, en le marais du Tigre
Où le roseau reprend d'Oannès l'ordre écrit ;
L'homme mourut égal, et cela fut transcrit,
Car il ne naissait pas tel, cela n'est prescrit,
Et des fleuves sacrés l'idée en nous émigre.

II

Dans un espoir cyclique, un monde en force part,
Si le Tigre l'a su, par roseau, palimpseste
Qu'efface synergie au cosmos, à la hart,
Le Maya dans sa sylve écrivait, l'ombre est preste,
Les mondes disparus quand s'écroule un rempart,
L'art en abstraction comme science en reste,
Et la férocité du dieu vaincu, vantard
Pour le myste bourreau que la terreur infeste,
Homme posthistorique, et déjà dans son geste
Préhistorique, né de Primhistoire, ô temps,
Les Kronos, les Saturne ont montré que tu tends
L'espace, l'incréé d'un avant-né s'atteste,
Le commencement n'est, ô cycle tu l'attends,
Ouroboros en roue où gravitent printemps,
Zodiaques calés en précession leste,
Où passe libre arbitre en Signe, au dieu nommé
Du Moment, qui s'en va, scarabée ou bupreste,
Minotaure, Mithra, l'Apis, Taureau formé
Avant Bélier, agneau lui-même tout rythmé,
Agni, Agnès ou bien l'Oannès embrumé
Au fond de son marais, en soulevant son casque,
Dit tête de poisson par l'ignorant sans peur ;
Et le Poisson reprend la ronde sans torpeur
Qu'héliaque matin donne au Verseau trompeur,
Pour que le Capricorne un jour prenne son masque.

III

Ainsi pour mourir libre en l'immortalité,
Que confisque le myste, advenu l'architecte
D'un style en son oubli d'un savoir redouté,
L'homme dut, par révolte en quoi dogme fait secte,
Modifier le culte au dit prémédité,
Pour avoir éternelle une âme trop suspecte,
Puisque ici-bas il n'est jamais d'égalité,
Même pas de naissance, en sa prise directe,
La Révolution d'Egypte aux morts s'affecte,
Mais l'autre, la Française, où Louis fut vaincu,
O seizième du nom, d'échafaud convaincu,
Prétendait que, pour naître, on était, foi correcte,
L'égal de tout le monde, oui, même sans écu,
Alors on eut été content d'avoir vécu,
Mais c'est une utopie, en vie est circonspecte
La chance, et le bonheur aux lois n'a pas d'appui,
Depuis que de l'éden, le dieu qu'on ne respecte
Chassa son métis, l'homme, en son profond ennui,
Station génétique est fermée aujourd'hui,
Le travail, non le droit, reste à l'homme, à celui
Qui voulut la science, et n'eut que la recherche,
Toute religion le dit, c'est vrai, le ciel
N'est que l'autre planète où le Maître, tout fiel,
Pleure sur son Déluge, et son ire au pluriel ;
Mais le rameau fleurit où l'Ararat se perche.

Ana Maria Lisboa Mortari : *C'est dans l'Antiquité*

IV

C'est dans l'Antiquité que Révolution
D'Egypte voulut l'âme immortelle en le culte,
En dix-huitième siècle, en notre nation,
O France, on fit les corps nés égaux, qu'on exulte,
Mais pour vivre de même, il faut, en notion,
Que le Retour cyclique amène fin d'insulte,
Que le maître nouveau, l'homme, dieu, fiction,
Dise aux ciels fin des temps, d'où Spirale résulte,
Pour l'éternel Adam, qui repart en tumulte,
Sept collines par ville, ô sept dieux tout sanglants,
Autels de sacrifice aux Sept d'hommes croulants,
Avant Douze, en l'oubli que flot noir catapulte,
Aux puys redevenus des volcans pantelants,
Des Popocatepetl, des Santorin hurlants,
Pour Walhalla déserts aux atlantes qu'on sculpte,
L'Egéide engloutie avant Troie, ô Cheval,
Ta ruse, l'incendie ont peu marqué, consulte
Les remparts d'Hissarlik enterrés dans leur val,
Le volcan de Théra fit plus en son aval,
L'étoile aussi s'implose et naît ainsi, rival,
L'homme se croit très fort pour détruire, en sa guerre ;
Or la planète bleue au rouge emporte tout,
Quand son cycle s'avance, il ne reste d'atout
Pour l'humain, son autel change un dieu, mais partout
La cendre n'a qu'un maître, et ce maître est la Terre !

V

Le quatrième règne est celui de la main,
De l'outil, pour l'esprit amovible prothèse,
Donnant vie à matière en l'idéal humain,
Non pas végétatif, il faudrait qu'on se taise,
Mais au monde d'idée où tout est examen,
Où la carte du tendre est pays qu'on n'apaise,
Car nul volcan ne peut s'éteindre en son chemin,
Toujours pour son flambeau la flamme veut cimaise,
Androgyne est le cœur, et cherche l'autre braise,
De même que le style, en courbure au rinceau,
Oriente plafond et la voûte en arceau,
Art géant ou mignard, selon que sont à l'aise
Le despote sublime, ou mesquin au berceau,
Que l'amour est courtois, ou que son panonceau
Dans le marivaudage annonce une autre thèse,
Qui délite l'honneur, civilisation
Nous savons que ta mort forme une autre falaise,
Qu'il nous faudra gravir, sans plus de mention,
Le vif de mort est fait, s'il n'en a notion,
C'est que le dieu du Temps égare passion,
Il nous faut retrouver toujours même aventure,
Comme écureuil en cage, assis sur son perchoir ;
L'Idée, en permanence, est pour nous le pochoir,
L'esprit, intermittent, la retrouve sans choir,
Sur la fréquence d'onde où bat notre nature.

VI

Et la forme s'informe et reforme l'objet,
La masse, illusion de la substance même,
Temporise l'esprit, qui ne vit qu'en projet,
L'homme croit que son âme est immortelle et sème,
Si le dogme le veut, quand révolte en son jet
Oblige enfin le myste à faire qu'il nous aime,
Pour consacrer la mort, en l'éternel sujet
De ce voyage astral que le chaman essaime
En voyance, par transe, en trucheman suprême
Quand le pauvre pécheur attend, du seul espoir
Revêtu dans son cœur, puisque sans ostensoir,
Sans chrême, sans encens, le défunt, quel problème,
Erre, en mortelle vie il hante dans le soir
Les lieux qu'il a connus, de l'humain repoussoir,
Car l'immortalité veut formule en emblème,
Le Verbe est la Parole où le monde s'étend,
Où s'enroule un cosmos décalaire en système,
Pour l'au-delà, qui va comme l'amour se tend,
Toujours plus loin, le Signe au treizième s'attend,
Pour reformer le cycle où zodiaque est tant
Hyperbolique courbe en l'esprit, d'âme double,
Que l'Idée est sans Lieu, que le milieu s'en va
Ailleurs ; c'est cet Ailleurs que prophète rêva,
Que révolté, soudain, creusant l'autel, trouva,
Mais le Livre de Thot dit plus, quand l'ombre est trouble.

Claude Cotti : *D'unique dieu l'appel*

VII

Certes, l'Islam reprit d'unique dieu l'appel,
Kaaba, Sinaï, Mosaïque, ô Prophète,
Dernier, feu s'éteignit, croisade en archipel,
Médor, traité de chien, ne connut plus de fête,
Et le poète arabe, en contant son castel,
Vit poète persan cueillir la rose faite
Pour l'ombre d'un moment en son plaisir mortel,
Alors le turc leva sa gloire non surfaite,
Vainqueur du basileus, par khan mongol défaite,
Et le grand Soliman effaça ce qui fut,
Le passé, magnifique, il dressa comme un fût
La tête, en conquérant la plaine stupéfaite
Et le mont, pour toujours l'Orient à l'affût
Chantera le butin, dira le lourd bahut,
Par Divans dont la rime est à jamais parfaite,
Ecrits par Fuzulî dans trois langues d'abord,
Turc, arabe et persan, parole satisfaite
Par le mot, qui s'envole et roule bord à bord,
Pour redire l'écho du sérail, du sabord,
Puis Bâki dans ses vers chanta l'autre rebord,
La mort de Soliman ; funèbre et grandiose
Est cette fameuse ode, où se plaît le talent,
De l'autre Renaissance elle est l'autre volant,
Où le Sultan s'en va pour rester, virulent
Du Roi François Premier l'ami d'apothéose.

VIII

Mais le poète arabe avait, dans son désert,
Créé la rime, avant que l'Islam se révèle,
Kaaba d'Abraham, à l'univers disert,
De l'Inde à l'Atlantique, et même plus, qu'on hèle,
Tel Al-Mutanabbî, qu'Alep a découvert
Dans le dizième siècle à tout ce qui s'épelle
Sous le nom du Prophète, ô lyrisme encor vert
Du poète éloquent où l'Oronte s'appelle,
Seule l'Andalousie est une autre chapelle,
Calife de Cordoue un prélat trop comblé,
Onzième siècle a vu mûrir près de son blé
Ibn Hazm, le grand poète, en muwachchah fidèle,
O Chant Royal, décrire un monde dédoublé,
« Le Collier de Colombe » est chef-d'œuvre assemblé
Face à ces troubadours d'Europe, et leur modèle,
L'Andalousie aussi cultiva le zajal
Hispano-arabique, où s'entend, infidèle,
Dialecte andalou de l'arabe local,
Que chante le Maroc, encor d'un rythme égal,
Mais plus loin c'est le turc qui donne madrigal,
Au quatorzième siècle Yunus Emre, mystique,
Des poètes le prince ; ô légende, tu plais
Avant que Soliman ne trône en son palais,
Enfant de Trébizonde, et de Szeged relais
Vers sa mort, qu'illustra Bâki d'un vers plastique.

IX

Or, en l'Antiquité d'Egypte, sur le Nil,
Du pharaon voguait littérature épique,
Cultivant en tout genre un sentiment subtil,
Car déjà chaque thème était là, le lyrique
En son rythme amoureux chantait son doux péril,
Que le Nouvel Empire, en son panégyrique,
Sut au jardin porter, agreste en son avril,
D'amour courtois féru sous l'appel dramatique,
Au temps d'Aménophis, de Ramsès euphorique,
Comme en ont connu l'Inde et l'Extrême-Orient
Jusqu'aujourd'hui, qu'on crut pourtant moins souriant,
Jusqu'au pantoum malais, de Banville musique
Pour revenir en France au vers luxuriant,
O fables de Bidpay, La Fontaine friand
Y puisa, de l'Indus souvenir nostalgique,
Et toute la planète a repris tout refrain,
Frisson de poésie en son nombre magique,
Et l'on créa la rime où l'arabe n'eut frein,
Pour que dans chaque langue il y eut cet écrin,
Car ne suffisait plus l'accent d'antique entrain,
Tonique, de la Grèce et de Rome la règle
Sans rime ; il fallait plus au mètre en son essor,
La nouvelle métrique, et prosodie encor
Dans le retour du son, qui frappe comme un or
Sur le gong du destin, grâce au poète espiègle.

X

Aux marais où le Tigre a ses roseaux, Sumer
Au sortir de l'Eden forma le chant du monde,
Oannès enseigna l'écriture, ordre amer
Pour dire la souffrance, où le soleil s'émonde,
Puis l'épopée enfin dit la terre et la mer,
Chanta l'hymne, élégie en la terreur immonde
Pour le plaintif amour entonna cri moins fier
Que celui du guerrier sur la planète ronde,
Babylonien Poème en nouvelle faconde
De la Création monta la gloire aux cieux,
La Geste, en Gilgamesh au rythme audacieux,
Dit l'Eternel Retour, en la ferveur profonde,
Au paradis de l'Ouest au lointain anxieux,
La Descente d'Ishtar aux Enfers soucieux
Fut redite, le temps ménage ainsi sa bonde,
Récit babylonien du Déluge le sait,
Par Assurbanipal l'assyrien prend la sonde,
Car ce roi savait lire, écrire, en lui passait
Dans sa bibliothèque un monde, qu'il lassait
Avec ses cris de guerre, et l'orgueil se tassait
Quand la harpe, le luth, la lyre, avant salpinge,
Entonnaient le refrain que poète reprend,
Que la femme fredonne où son amour se rend,
Que le guerrier susurre où son pas lourd se prend,
Que la prosopopée oublie ; et va syringe.

Joao Benedito Martins Ramos : *L'un des dieux*

XI

Préislamique arabe en Allah, l'un des dieux,
S'inclinait, car son culte était là, secondaire,
Puis devint principal, après bien des adieux,
Devant Manât, déesse, au bonheur salutaire,
Et la déesse Allât, du ciel dogme pieux,
Grand dieu, bonheur et ciel eurent rang trinitaire,
Avant que fut unique, et non plus copieux,
Par l'auguste Prophète, un autel solitaire,
Pour Allah Seul, le Dieu de Moïse sur Terre,
Et le Hedjaz donna la rime unique en chant,
Hedjazisme en métrique où le Soleil Couchant
Se connut, monorime où qacida se serre,
En prosodie ardente, élégie en touchant,
Satire plus acide, en sortent, s'attachant
Jusqu'au monde andalou, que muwachchah sincère,
En arabe strophé, rythme, dialectal,
Cependant que la prose en l'adab se resserre,
Poème en prose étant né là, de pur cristal,
Avant Bertrand, Guérin, Baudelaire au total,
Et Mille et une Nuits au souffle oriental
Dirent toute la Geste, en d'Islam mainte langue,
Alternant prose et vers, avant même que Seul
Allah restât ; Antar, l'Antara sans aïeul,
Fils de l'esclave noire, aimant vie et linceul,
Par son Divan chanta Guerre et Femme en harangue.

XII

Tel Antar, de l'Islam sublime et noir corbeau,
Qui vainquit le destin en fils de sulamite,
Vint poète persan au désert noble et beau,
Et partout le verset s'entend, hors de limite,
Que la foule récite en venant au tombeau
Du poète, ainsi fut Khorasan qu'on imite,
La divine province, à l'Est, en son flambeau,
De l'Iran, Firdusi, pour princes en leur mythe,
Chanta Livre des Rois, qui ne laisse à l'ermite
Achéménide ancien, Parthe à flèche sans peur,
En distiques fameux qui dissipent vapeur,
Puis vint Omar Khayyam, que le vin dynamite
Aux Quatrains qu'il entonne en narguant la stupeur,
Lui, mathématicien qui sait monde trompeur,
Maître d'équations en rang dans sa marmite,
Et Chiraz s'élança de son rose bosquet,
O ville merveilleuse en son rêve adamite,
D'elle le grand Sadi chante, non inquiet,
Le Bustan, ô verger, le Gulistan coquet,
Roseraie abritant son soufisme en bouquet,
Indulgence et rigueur, puis Hafiz en son ode,
D'Epicure l'enfant, habile en son rhazal,
Ce Divan, Livre d'Or, est tout oriental,
Car il est professeur d'exégèse, au total,
Du Coran ; et son Dit, pour Gœthe fut un code.

XIII

L'Inde, par le Veda, sut révélation,
Que transmettent rishi, sages parmi les sages,
Rigveda, le plus vieux de cette notion,
Fut repris pour donner aux autres leurs usages,
Le Vedânta restant supplément d'action,
Pour dire trimûrti dans ses fameux passages,
Brahma, Vishnu, Civa, d'avatars en sillon
Etant tous retournés sur Terre en leurs messages,
En s'hypostasiant pour suivre les présages,
Krishna fut de Vishnu l'avatar, dieu, héros
Du Mahabharata, la geste où guerre, en gros
Fut bien celle des dieux, enclavant dans ses âges
Un poème sacré sur tant de braseros,
La Bhagavad-gîtâ, de bhakti numéros,
Participation au divin sans visages,
Doctrine de l'unique au Tout qui se co-naît,
Plus tard Kâma sûtra, des amours paysages,
Vatsyâyana, son auteur, en tenait,
Avec philosophie anime le cornet
Sur le sort de Kâma, dieu d'amour qui venait
Puis allait, mais l'Extrême-Orient dans sa hotte,
En Chine fixa tous les thèmes pour l'écrit ;
L'éditeur Lieou Hiang (Sseu-ma Siang-jou prit
Avec Yang Hiong, gloire où poète rit)
Sortit l'antiquité de sa divine botte.

XIV

Dans les Upanishad, il est conclusion
Du Veda, nirvana, d'un flux ésotérique,
Est des siècles message, en leur forclusion
Muette, et bien plus loin, hors du sombre Atlantique,
Les Maya des forêts comptaient en fusion
Plusieurs mondes, chantés sur la stèle statique,
Les Celtes, dans leurs bois, sans une illusion,
Dans leurs romans d'amour vouaient la femme antique,
Par le dit de Tristan, d'Iseut, préhistorique,
Tel Mithra, hors temps dieu, qui fut tôt révélé,
Issu du Minotaure, Apis ensorcelé
Aux Orients perdus en un rêve hiératique,
Taureau qui, comme l'homme, est métis esseulé,
De dieu, l'extraterrestre, et l'amour s'est brûlé
Au banquet de la vie au début hermétique,
Thot-Hermès le cachait, son nom certes le dit,
Le proclama Socrate, on le tua, pratique,
Mais le savait Platon, car le tout fut prédit,
Aristote enseigna ce qui n'était maudit,
C'était peu, mais toujours le savoir prend crédit,
Et le propos du maître appelle autre aventure,
Or, le Christ, par pitié de l'homme, ne dit pas
Le péché d'origine où s'attacha nos pas,
Il en fit un mystère, et gagna le trépas ;
Mais la souffrance explique aussi notre rupture.

XV

Et le Tibet connut panthéisme en Tantra,
D'ésotérique aspect que sakti féminise,
Etant le Tout fécond que le monde espéra,
De Padmasambhava la Geste idéalise
Alors pour Tibétain ce que l'ordre fera,
Mais de Guésar de Ling l'Epopée utilise
En guerre le héros, biographie orra
De Milarépa Vie, ô poète, qu'on lise,
Mantra donne formule au sacré qu'on enlise,
Om mani padme hûm : Hrîh énonce ferveur,
Par Cosmique Union Vue Intégrale, en chœur,
Comme au Livre de Thot le son créateur brise,
Ici d'action « âh », le temps, qui n'a valeur,
Par voix de conscience en éthique sans peur,
Loi morale où nature en soi se réalise,
Pour être, tel Tao, le vrai que l'on attend,
La syllabe profonde est ce qui s'éternise,
La phrase au loin se dit, car le cosmos s'y tend,
Mais ne se traduit pas sans perdre son instant,
Qui vaut l'ère où s'en va l'univers impotent,
C'est pourquoi je l'ai dite en la langue sublime
Que comprend Toit du Monde en son rite parfait ;
Et le Tibet perdit sa force, contrefait,
Le bas perdit le mont de vue et son bienfait,
Comme un dieu de l'Olympe, où l'orage s'élime.

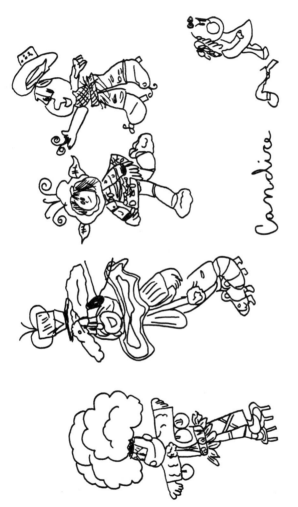

Candice Martins Silva : *Habile dans son art*

XVI

Le barde japonais, habile dans son art,
Exprima la nature, avec son court poème,
Qui dans le sentiment retrouve en soi sa part,
Différente de Chine, et propre à ce qu'il aime,
La tanka de cinq vers de sept pieds au départ,
Mais dont deux sont de cinq, le premier en baptême,
Et le troisième aussi, dont le rythme est rempart
D'une philosophie, archétype en emblème,
De la vie, et lyrisme au roman qui s'essaime
Est tout digne de Proust, mais paraît, c'est fameux,
L'Anthologie où vers s'éclaire tout brumeux,
Comme au temps de la grecque, en l'Antiquité même,
Et la tanka s'abrège en haïkou fumeux,
Qu'on dit haïkaï pour nos sites spumeux,
Résumée à trois vers, les premiers, sans problème,
Dont le troisième est chute en sa conclusion,
Et donne plus de force au moule dans ce thème,
Ainsi Bacho d'abord chanta sa vision,
Créant un haïkou dans son éclosion
Panthéiste, Bouçonn, en son effusion,
Reprit ce pur lyrisme où le Japon s'admire,
Enfin, Issa, plus triste en son regret subtil,
Dit la briéveté dont meurt notre babil ;
Nara, tout comme Heian, furent temps sans péril
Pour cet Age Courtois, où notre mont se mire.

XVII

Mais dans la Renaissance, on voit tout un Japon
Reprendre l'avantage avec la poésie,
Chercher de nouveaux vers en un subtil harpon,
On ne fait pas de même au vent d'Indonésie,
Le modèle est toujours le même en son coupon,
Qu'on rythme derechef, calmant la frénésie,
Ainsi va le pantoum, habile et non fripon,
Que Banville adapta du Malais, fantaisie
Qui veut que deux sujets, non une fatrasie
De notre Moyen Age, unissent leurs sanglots
De deux vers en deux vers, formant quatrain en lots
Pour alterner l'idée, ô noble Malaisie
Où la dernière strophe, au-dessus des complots,
Réunit tout en chute, et triomphe des flots
D'amertume où les vers lavent leur jalousie
En un même idéal, au détour imprévu,
Ce moule spacieux est le meilleur d'Asie,
Plus spontané l'Islam est ici, c'est bien vu,
Plus mystique est l'Iran, à l'opposé pourvu,
Tel le Persan Attâr, en son dogme prévu,
Et le ghazel reprend, pour l'Arabe et la Perse,
Le vieux refrain des Rois au temps de plusieurs dieux,
En souvenir déçu des éternels adieux,
Où poète était mage, et le culte odieux ;
Mais l'appel qui descend blanchit l'ombre perverse.

XVIII

Tout au Nord, en Islande, a fleuri la saga,
Homérique épopée en verve scandinave,
Thorgilsson, le premier en fixa l'oméga,
Et, parfois en latin, d'autres firent l'octave
De cette poésie, ardente en taïga,
Skallagrimsson, Kormakr, Hallfrödr au ton plus grave,
Des poètes ont dit la vie en alpaga,
Les sagas de Norvège ont chanté sur l'étrave
Eric le Rouge et Leif, que l'Amérique brave,
Mais Snorri Sturluson, dans la Heimskringla,
D'Harald jusqu'à Magnus, dit des Rois le gala,
L'Islandais de Norvège est venu sans entrave,
Et dans l'Edda, Snorri dit l'art des vers, en la,
Remontant jusqu'à Troie, où guerre mit holà,
L'origine des dieux-rois, Thor, Odin, conclave
De l'unique en triade, où Gylfi rechercha,
Perfide, vérité qui court la plaine slave,
Ainsi Scandinavie eut ses dieux qu'on prêcha,
Que Turquie a connu, bien avant le pacha ;
Cette littérature en la rune pencha
L'ardent boustrophédon sous l'arctique sévère,
En retour de la ligne, et de la rime avec,
Quand celle-ci pour Nord enfin montra son bec,
Qu'oublie un palimpseste au sable par trop sec,
Quand Soleil de minuit trouve enfin son trouvère.

XIX

Saxo Grammaticus, le Danois, en latin,
Les Gesta Danorum écrivit, dont Shakespeare,
Reprenant d'Occident un vieux texte au destin,
Pour chanter Lear ou l'autre, en chronique s'inspire,
Saga de Hadingus, digne dans son matin,
De Snorri, mais la guerre, en sa menace pire,
Entre l'Ase et le Vane eut lieu, c'est bien lointain,
C'est la guerre des dieux, d'extraterrestre empire,
Dont le culte s'efface où mémoire soupire,
Les dogmes du pardon, d'espérance et rachat,
S'interposent soudain, méprisant le crachat,
Le Martyre adorant, Témoignage où s'expire
Le désir suspendu de savoir l'entrechat
Du destin meurtrier retomber tel un chat,
Pour que Déluge oublie et fasse que respire
L'Homme, en sa dignité, qui veut rester mortel
Pour aimer sa compagne, et non quelque vampire,
Ainsi barde compile un espoir qu'on veut tel,
Dans le Kalevala, la Finlande en cartel
Se souvient de son chant, près du lac, du castel,
Par Elias Lonnrot consigné sur la feuille,
Et non resté le Verbe où fée a pris sa voix,
Le finnois des vieux temps chante dans ses envois,
Au dix-neuvième siècle, Elias sans pourvois
N'oublie ; et par la Geste, un souvenir s'endeuille.

XX

En Extrême-Orient, le culte des vieux dieux
Demeure, et se transcende avec le philosophe,
Le prophète inspiré des usages pieux,
Ailleurs, le primitif, de Primhistoire étoffe,
Fidèle à son chaman, ne voit rien d'odieux
Au dogme que rejette, en sa foi limitrophe,
L'autel que tout révèle au martyr radieux,
Mais les Hommes du Nord, nés d'autre catastrophe,
Sur la Grande-Bretagne ont porté, d'apostrophe,
Leurs dieux, morts à la guerre au destin insensé,
D'où sort littérature au rythme compassé,
Bède le Vénérable, insensible à la strophe,
Est un historien latin, fort empressé,
De la vieille Angleterre, et vient, au cœur pressé,
L'épopée où s'avance ainsi que théosophe,
Le fameux Beowulf, Bataille de Maldon,
Plainte de l'exilée aussi, quand marin lofe,
Et l'Exaltation de la Croix, ô pardon,
Enfin Judith, un texte où l'honneur est un don,
Cependant que le druide, ou du Nil le bourdon,
Le prêtre d'Osiris, au secret de leur culte,
Se lamentent, ne sont plus crus sur le parvis,
Chaucer du monde anglais fait un autre devis,
De Cantorbéry Conte est l'esprit indivis
Avec le temps moderne ; et s'éteint l'ombre occulte.

Guy de Rudder :
Chant des Nibelungen, épopée, or du Rhin

XXI

Chant des Nibelungen, épopée, or du Rhin,
Est de l'âme allemande un trésor où Burgonde
Meurt comme le vieux temps, Walkyrie en écrin,
O Siegfried, ô Krimhilde, et l'Alsace à la ronde
Introduit courtoisie en poésie en grain,
Reinmar de Haguenau, trouvère en sa faconde,
Et puis survint Gottfried de Strasbourg, quel parrain,
Sur Tristan, sur Yseut, il écrit pour le monde,
Tels les Anglais Béroul et Thomas, eau profonde,
Querelle européenne où la Geste s'étend,
Saga norroise due à frère Robert tant,
De Table Ronde Cycle où Chrestien vagabonde
A Troye en la Champagne habile qui l'attend,
Et de Roland aussi le Cycle tout montant
De Turold, d'Arioste et d'autres qu'on ne sonde,
Ainsi vinrent du Celte, et du Nordique enfin,
Les thèmes de l'amour, où Primhistoire gronde,
Avec ceux de la guerre à l'éternelle faim,
Méditerranéen reste comme un dauphin,
Quand Thibaut de Navarre arrive sur sa fin,
Amant de Blanche, alors s'enfuit loin de Venise
Marco Polo, voyage est un autre récit,
A l'Italie il donne, et l'ombre raccourcit,
La nouille, qui de Chine est venue ; on farcit
Le destin par la bouche, et poète humanise.

XXII

Mais Robert de Boron en prose écrit roman
De Queste du Graal, qui vit première hostie
Où le Christ s'exprima, vase tel talisman,
Ciboire, et l'Age Ancien connut grande sortie,
Plus de fée où mourut Arthur, ô trucheman,
Roi dans Grande-Bretagne en la force impartie
Pour triomphe chrétien, Lancelot loin d'iman
Voit son Cycle en Europe être gloire avertie,
Hollandais, Italiens, Espagne convertie,
Portugais, Allemands, France en Oc même encor,
Chantent ce chevalier dans son âpre décor,
Le Tasse, grand poète à la Geste sertie,
Qui de Jérusalem délivrée a vu l'or
Depuis son Italie, estime à son de cor
Que c'est Arnaut Daniel, troubadour qu'amnistie
L'oubli, qui Lancelot écrivit pour sa part,
Et c'est sans doute vrai, mais dans cette partie
Il ne fut pas le seul, il est plus d'un départ,
Langue d'Oc ou d'Oïl, et d'autres au rempart
De la foi, du destin où le monde repart,
Maints cycles ont chanté nos nations nouvelles,
Comme jadis de Troie aux Retours du combat
On célébra l'aurore où le Temps fut grabat
D'un ciel nouveau ; mais l'Homme oublie, il porte un bât,
Tel l'âne de Jésus, et dorment sentinelles.

XXIII

En plein quinzième siècle, un romancier anglais,
Ce Thomas Malory qui du passé s'inspire,
D'après des écrits, vieux, lui servant de relais,
Chanta la Mort d'Arthur, digne du grand Shakeaspeare,
Qui vint plus tard, de même, en de nouveaux délais,
De Malory le souffle inspira, qu'on respire,
En la vieille Angleterre autres en ses palais,
Edmond Spenser d'abord, dont la gloire soupire,
Et Tennyson ensuite, en qui muse transpire,
Puis de même Morris, artiste en son tourment,
Polygraphe en qui grâce en son talent ne ment,
Enfin, Swinburne, actif à chanter cet empire
Des poètes anglais, ou français, ce moment
Qui de la vieille Europe eut l'honneur tout fumant,
Et fut chanté de tous, où Table Ronde expire
Sous les coups du destin, de Bretagne au ciel gris
De l'Irlande celtique, où le barde conspire
Quand la Grande-Bretagne a pris au vent son ris,
Alors, de l'Amérique au triomphe surpris,
Vint le grand John Steinbeck, romancier sans mépris,
Mais que passionna Malory dans sa forme,
Et pour Arthur le Roi, puis ses preux chevaliers,
Il redonna l'Histoire au temps des noirs halliers ;
Merci John, passion de ta plume est colliers
Pour les Muses d'antan, dont l'ombre aux bois s'informe.

Olavo Soares : *Dans une cellule eucaryote*

XXIV

Or, dans une cellule eucaryote il est
Elément oncogène en atavique doute,
Tombant procaryote en récurrence au fait
De la non-fixité, symbiose en déroute,
Caractère furtif d'intermittent effet,
Dont l'absence est cancer, on sait ce qu'il en coûte,
Et se fait le retour en utile reflet,
Si l'excès est détruit, par anticorps en voûte,
Elément abondant que l'ordre en soi ne goûte,
De même, dès qu'un centre a fomenté l'écrit,
Puis disparaît au sort ainsi qu'il est prescrit,
L'oral redevient seul ce que verbe redoute,
Proliférant, l'Histoire en meurt en son esprit,
Préhistoire revient, que mémoire proscrit,
Avant que l'écriture à nouveau ne s'ajoute,
Comme un écrin, noyau de l'ordre retrouvé,
Et l'image fixée, à nouveau dans la joute,
Reprend son archétype, en qui monde est sauvé,
De l'idée un ancêtre est récit dérivé
De l'épopée, où tout Moyen Age est rivé,
Pour préparer le Temps que savoure Multiple,
Mais l'Un, en poésie, est d'abord l'éclaireur,
Hagiographe ardent quand chevauche la peur ;
Après, genres viendront quand finira torpeur,
Eucaryote effort du Moment dans son steeple.

XXV

En France, on eut d'abord hagiographe expert,
En tout anonymat que fomente l'Histoire,
Quand vient un Moyen Age où l'esprit sort, disert,
D'une éternelle source où renaît la Mémoire,
Malgré tous les Léthé perdus dans leur désert,
De Saint Alexis Vie est d'abord méritoire,
De Saint Léger de même, ainsi qu'il en appert,
Séquence de la Sainte Eulalie est notoire,
Et puis Chansons de Geste, avec leur auditoire,
La Chanson de Roland, et son cycle italien,
Tristan comme Yseut, noms celtiques dans leur lieu,
Aucassin, Nicolette, en éternelle gloire,
Gestes de douce France, au cri cornélien
Déjà, mais que tempère appel virgilien,
International thème, avec son moratoire
Multiple, où la pensée efface le temps mort,
Classicisme se forme en maint pays, victoire
Du vers originel, maître du premier sort,
Attendant récurrence, avec un autre port,
D'abord procaryote, en sa langue en l'effort,
Eucaryote ensuite, où l'anonymat cesse,
Enfin, l'intolérance, en un nouveau cancer,
Détruit toute beauté, bien mieux qu'avec le fer ;
Médor, héros d'Islam, traité de chien en clair,
Réclame une autre éthique, où morale ne blesse.

XXVI

Quand l'écrit s'est perdu, Préhistoire, en oral,
Revient, tel un cancer répandu hors de forme,
Comme une récurrence, où s'éclôt tout le mal,
En l'évolution, éthique tout conforme
A palingénésie en son retour normal,
Où la palinodie aussi marque sa norme,
Qu'oublie un palimpseste, ô Léthé triomphal,
En Grèce cependant, malgré l'autel énorme,
Hors du culte pensée osa penser, sous l'orme,
Pour découvrir un dieu loin du dogme tournant,
Un principe, un atome ubiquiste, étonnant,
Préparant le prophète incarné, sans qu'on dorme,
Pour dire l'immanence et le temps déclinant,
Transgressant son destin au martyre éminent,
Socrate avant Jésus condamnés pour qu'informe
Leur verbe tout oral un monde en devenir,
Qui douta, par Thomas, par Montaigne qui forme
Descartes en raison, Claude Bernard, haïr
N'est plus le cri suprême aux forces à tenir,
Mais donne par la Grèce à l'Europe à garnir
L'esprit de la critique où la raison se pense,
La victoire de l'Homme en l'Homme au fond du cœur,
Son cosmos, et le Siècle aux Lumières vainqueur
En Révolution a dit moderne chœur ;
O France, c'est ton sang qui paya la dépense !

XXVII

Mais l'antique penser, technique méprisa,
Voulant que pour l'esclave on conserve à la force
Le pouvoir du travail, dont, libre, on mésusa,
Du moins l'Antiquité forme ainsi son écorce,
Et pour la rhétorique, en grâce l'on musa,
Mettant tout dans l'Idée, où sagesse s'efforce,
Où grecque tragédie eut sommet, ne s'usa
Malgré le temps passé, face au destin qui force
Le héros sous les dieux, à ne plus bomber torse,
Par la fatalité des générations,
L'humanisme égyptien vit d'autres nations,
Lyrisme de Sumer aussi, première amorce,
Mais la Grèce transmit de tous les notions,
Homère vint d'abord, avec solutions
De continuité dans son cycle que corse
Quintus de Smyrne, puis Coluthos plein d'ardeur,
Tryphiodore encore, à la verve retorse,
Or vint plus tard Virgile, en latin sans lourdeur,
Même Ovide, déjà le troubadour frondeur,
Tel Lucrèce, et revint, dans son rythme grondeur,
L'épopée, on dit Geste au courtois Moyen Age,
Oui, la geste, d'où vient Renaissance en tourment,
Villon comme Verlaine, au détour d'un serment,
Au cœur de la cité, pour boire à qui ne ment ;
Tel Khayyam, qui buvait, mais connaissait l'usage.

Larissa Santos da Rocha Lourès : *Pour un nouveau départ*

XXVIII

Pour un nouveau départ, pour l'Homère éternel,
Guerre de Troie aura lieu, non, dit au théâtre,
Jean Giraudoux, qui fut lui-même un immortel,
L'Antigone d'Anouilh, tel Sophocle en son âtre,
Remonte encor plus loin, pour dire un plaisir tel,
Fénelon décrivit Télémaque folâtre,
Suivant de l'Odyssée un sillage en appel
En prose, mais sa lyre est belle, opiniâtre
A chanter le vieux cycle, où l'homme peut se battre,
Où la femme, en aimant, triomphe pour l'amour,
Archétype où poète, en éternel Retour,
Reprend à l'unisson ce qui nous fait débattre,
De Dame et de l'amant, cent ballades au tour,
Ont fait belle chanson pour combattre tambour,
Christine de Pisan en fit l'œuvre idolâtre
De sa vie, et plus tard Lamartine écrivit,
En Méditations, dont on ne peut rabattre,
Poétiques ébats, l'amant d'Elvire en vit
D'un élan immortel, qu'au Lac nous décrivit
Son sanglot répondant à Christine, et survit,
A travers siècles, cœur de poète, de Dame,
De poétesse aussi pour l'ami qu'elle aimait,
Sinon il n'est talent où l'auteur s'affirmait ;
La souffrance en la Muse est ce qui nous charmait,
Hors d'elle il n'y a rien, tout poème est un drame.

XXIX

Christine de Pisan, qui Jeanne d'Arc chanta,
Qu'elle connut vivante, et prit pour espérance
De la France meurtrie, où tout se dévasta,
Veuve, redit l'amour, pour vaincre sa souffrance,
L'amant d'Elvire est tel, qu'autre siècle escorta,
Pour dire la tendresse ainsi dès sa naissance,
Jusqu'à l'embrasement, que passion porta,
Jusqu'au Lac de l'oubli, qui garde en suffisance,
Malgré l'eau du Léthé, l'amère souvenance,
Toujours, belle nature, un reste du passé
Dit que le petit dieu piqua le cœur pressé,
Eros ou Cupidon, Kama par maintenance,
Dont les sutra jamais n'ont notre élan lassé,
Toute philosophie, en un monde blessé,
La Consolation trouve en sa confidence,
Que cherchait tant Boèce, et c'est là le départ,
D'Erato, de la Muse, avec son indulgence,
La source du talent, qui mène pour sa part
Seule à la poésie, et le monde repart,
Celui qui n'a pas su cueillir de son rempart
La fleur de son amour est sec, un vrai poète
Connaît cette souffrance ou n'est pas compétent,
Quand bien même à son dieu demanderait pourtant
La grâce de savoir quoi dire au débutant ;
La Lyre ne s'accorde à moins d'Amour en Quête.

XXX

Mais le premier écrit que connut le français,
Dans la plus vieille langue où ce nom se retrouve,
Est le plus vieux serment, ô France, que tu sais,
Le Serment de Strasbourg, bilingue, qu'on approuve,
Par Charles Deux le Chauve, et son frère, en l'accès,
Louis le Germanique, où le Rhin mouille douve,
En plus vieil allemand, en vieux français, succès
Contre un frère empereur, Lothaire, qu'on improuve,
Ainsi l'Europe est née où le serment s'éprouve,
De la dispersion d'Etat carolingien,
Coupé par trois, c'est mieux que fait un chirurgien,
En l'an huit cent quarante, et puis trois pour qu'on trouve
Le succès du serment au monde européen,
Alors la France est née, ô temps cyclopéen,
Allemagne, Italie aussi, qu'on ne réprouve
Sur l'empire de Rome, où reste un souvenir,
Car, des textes latins qu'on étudie, ô Louve,
Sort la chanson de geste à l'antique avenir,
En Islande Snorri Sturluson, sans finir,
Chante guerre de Troie, où ruse peut fournir
Pour un cheval, royaume, éternel cri, celtique,
Que reprit Richard Trois, d'un appel véhément,
Inutile au destin, ô Shakespeare, dément,
Que tu chantes, venu d'un temps hors du tourment ;
Et de la Préhistoire, il est Morale attique.

XXXI

Du traité de Verdun à ce qui fit nos lois,
La Chanson de Roland est venue en sa forme
De Vita Karoli d'Einhart, et des alois
D'Annales d'Angilbert, Cycle d'Arthur énorme,
Cher à Chrétien de Troye, auteur, en ses exploits,
Du genre breton où le champenois est norme,
Vient de l'Historia Britonum aux emplois
De Nennius, aussi d'Historia, sous l'orme,
Regum Britanniae où se donna réforme
Montmouth, et vient encor, avec Malmesbury,
De ses Gesta, de même, en récit aguerri,
L'Enfance d'Alexandre, où rien n'est chloroforme,
Du poète Albéric de Briançon, est cri
D'abord de Julius Valerius, jury
D'ouvrages plus anciens en verrait l'uniforme,
Par haute Antiquité, mais tel Saint Augustin
Avant Rousseau, du cœur que Confession dorme,
Car ce n'est qu'à Quierzy, sur l'Oise, un beau matin,
Que monde féodal fut décrété, lointain
Capitulaire fait par Charles Deux, certain,
Tel fut l'état civil, en une autre aventure,
A Villers-Cotterêts en ordonnance écrit,
Décidant qu'on rédige en français tout contrit
Même les jugements ; François Premier prescrit
Notre langue, et chacun du poète a lecture.

XXXII

Et des trois grands romans que Moyen Age a su,
De Thèbes le premier sort de la Thébaïde
De Stace, d'Enéas, le suivant, fut conçu
D'Enéide, où Virgile est maître, et puis d'Ovide
En son œuvre diverse, et le dernier reçu,
De Troie, est le roman d'un poète impavide,
Benoit de Sainte Maure, et, qu'on n'en soit déçu
D'Ephemeris belli Trojani sans un vide
Inspiré, de Dictys de Crète en l'œuvre avide,
Le De excidio Trojae Historia,
De Darès le Phrygien, de même l'inspira,
Inspirateur lui-même, en rythme qu'on dévide ;
O Benoit, aux Amours nés de Briséida
Pour Troïlus, récit que roman dévida
En fameux épisode, où Boccace sans ride
Prit son Filostrato, mais ne fut pas le seul,
La France aussi, par prose, y puisa son subside,
Et l'Angleterre encor, d'un éternel linceul,
Par Chaucer et Shakespeare, a chanté temps d'aïeul,
Depuis roman de Troie, où le vers est filleul
Du souffle tout-puissant qui fit le grand Homère,
Oui, par vers, les romans ont connu le succès,
Avant que par la prose ils connaissent l'accès
Au public qui suivit ; la Lyre, sans excès,
Avait chanté d'abord, de Mémoire la mère.

XXXIII

Guillaume d'Aquitaine, au seuil de notre temps,
Et Béatrix de Die, avaient parlé, leur verbe
Redisait les amours, redisait les printemps
De la vie, où poète a cueilli mainte gerbe,
La dessication marqua depuis longtemps
Nos climats, sous la glace et sa blancheur acerbe,
Le cœur de l'homme aussi, mais résista, latents
Sont les instincts profonds, plus vivaces que l'herbe,
Issant de Primhistoire, où fleurit la superbe
Du Walhalla perdu, mais vint Jaufré Rudel
Et de France Marie, au vers en l'amour tel
Qu'il chante le Retour en éternel proverbe,
De Marie ô les lais, où celtique cartel
Ressuscite la fée au pouvoir immortel
Que glaciation perdit, que l'on n'engerbe
Plus, notre pauvre esprit sans force en nous se meurt,
Mais la Bible inspira plus tard notre ombre imberbe,
Théodore de Bèze et Racine, sans heurt,
Comme Robert Garnier, comme avaient, d'un autre heur,
Eschyle avec Sophocle, Euripide en lueur,
Fait pour le grand Corneille, et Racine en sa gloire,
Aristophane enfin pour Molière, Regnard,
Et bien d'autres, qu'un temps nous redira plus tard,
Mais l'Amour, tout celtique au Moyen Age en fard,
Chante notre passé ; France, c'est ton Histoire !

XXXIV

Moyen Age conçut le plus sincère amour,
La Chanson d'Anseis de Carthage est française,
Témoin de Courtoisie, où Rodrigue en sa tour,
Le dernier Roi des Goths, est du Cid tout à l'aise
L'unique prototype, en son nom, son contour,
Mais le romancero, de l'arabe en cimaise,
A gardé l'idéal pour l'Espagne en son tour,
Pour le nouveau Rodrigue, en même diocèse
Après que Roncevaux eut sonné sans fadaise,
Lyrisme, de l'enfance à l'amour, s'étala,
Car de France Marie à l'anglais l'exila,
Par sa mère Aliénor, son roi dans la synthèse,
Henri Plantagenet, pour lequel accola
Dédicace de l'œuvre, et Richard cisela,
Cœur de lion, son frère, en français vers en thèse,
O la belle famille, ô poètes bénis,
Guillaume d'Aquitaine était père, à Dieu plaise,
D'Aliénor, et les rois anglais ne sont bannis
D'Angers, car ils sont tous au château réunis,
Dynastie angevine, en leurs tombeaux unis,
Grands trouvères français épris du vers intime,
Qui souleva l'Europe, avant temps d'Albigeois,
Comme après, que le dieu, vilains comme bourgeois,
Seigneurs, ait reconnu les siens sans feux grégeois ;
Gardons le dieu d'Amour, qui comble sa victime !

Claude Cotti : *Eperdu dans sa transe*

XXXV

Or le prince de Blaye était Jaufré Rudel,
L'un des grands troubadours, éperdu dans sa transe,
Pour une châtelaine au Liban, sans appel,
De Tripoli comtesse, il voulut sans souffrance
La rejoindre, en Croisade il partit, solennel,
Et mourut à ses pieds, de fatigue en outrance,
Que chantèrent Uhland, Henri Heine éternel,
Swimburne, Carducci, même Edmond Rostand, chance
Qui fut à l'origine, avec la confidence,
De princesse lointaine en légende qu'on sait
A travers chaque siècle, et même en maint verset,
Que reprend tout poète habile en la cadence,
Le grand Jaufré Rudel, dépassant le tercet,
A laissé sept chansons d'amour comme un placet,
Dont quatre ont leur musique écrite, leur romance
Pour un chant monodique, où le poète est seul,
La dodécaphonie aujourd'hui fait l'instance,
Mais le cri d'autrefois sonne à travers linceul,
La tendresse au poème appelle son aïeul,
Toujours l'homme se cherche et se trouve, Santeul
Chantait bien sous Louis Quatorze en latin, certes
Ses vers restent vivants pour l'amoureux du ciel,
Vieille langue n'est morte, et garde tout son miel,
Nouvelle aussi, récente est de même ; cruel
Fut ton sort, ô Jaufré, par tes douleurs offertes.

XXXVI

Les trouvères du Nord furent d'abord jongleurs,
Ambulants, puis de même ils devinrent poètes,
Certains restèrent bien errants dans leurs ardeurs,
Colin Muset, ou bien Rutebœuf en cachettes
A Paris, mais beaucoup furent, sans plus de pleurs,
Ménestrels, près d'un maître, au château, tels vedettes,
Comme Adam de la Halle et Bodel, en labeurs
Près du comte d'Artois, et seigneurs en cueillettes
Rimèrent eux aussi, réglant d'amours les dettes,
Tous, Eustache Deschamps, Arnoul Gréban, sont beaux,
De Chartres le vidame, et d'autres aux tombeaux,
Châtelain de Coucy, Raoul de Soissons, quêtes
Gagnant Gacé Brulé, reprenant les flambeaux,
Et de Machault Guillaume, ayant loyers et baux
Avec Muses, Conon de Béthune en ses fêtes,
Et puis l'un des plus grands, qu'on célèbre toujours,
C'est Thibaut de Champagne, à qui vendanges faites
Redisent les désirs, redisent les amours,
Roi de Navarre il fut, il aima dans ses cours
En Blanche de Castille, une reine, ô tambours,
Qui régna sur la France, il en est plus d'une autre,
Que trouvères on dite, et je penche à l'oubli,
Il en est trop, le Nord a sonné l'hallali
Des amours qu'on défend ; mais le fait accompli
Rend grâce à ce destin, du sentiment l'apôtre.

XXXVII

Les troubadours du Sud étaient plus recherchés,
Hermétiques de même, érudits en parole
Pour dispenser l'amour, moins lyriques, cachés,
En leurs propos obscurs ayant leur protocole,
Moins populaires donc, mais ils nous ont touchés,
Plus d'une allégorie en langue a fait école,
Et de nombreux seigneurs en liste sont couchés,
Guillaume d'Aquitaine en tête caracole,
Le plus vieux troubadour, Bertran de Born cajole
Son amie, aux accents qui passent le regret,
Tout autant que Bernard de Ventadour, discret,
Qui meurt sans voir sa Dame, et que l'amour immole,
Et Béatrix de Die, aimant dans son guéret
L'ami qui part, comtesse à qui morne décret
Du temps mort a gardé la larme qui s'isole,
Jaufré Rudel encor, qui meurt d'amour lointain,
Et puis des roturiers, que tendre vers console,
Marcabru, Cercamon, Arnaut Daniel, destin
Fameux, Pierre Vidal, formes fixes en tain,
Guiraut Riquier, reflet de la Muse au matin,
Or Dit du Prince Igor, à Kiev était fortune,
Cid aussi dans l'Espagne, avec romancero,
Tous chants d'amour épique, en sa gloire Castro
Tout comme fit Corneille, en reprit brasero ;
Sont passés troubadours partout, reste tribune.

Laura Iakowski Cyrillo : *Vinrent en Cours*

XXXVIII

Moyen Age finit, les grands rhétoriqueurs
Vinrent en Cours de France, et Bourgogne, et de Flandre,
Renaissance annonçant en cherchant à tous cœurs
Tradition latine, et des Grecs à l'œil tendre,
Comme hébraïque écrit, formes fixes en fleurs,
Recherche que complique un détail pour tout rendre,
Après Alain Chartier, secrétaire, aux honneurs,
De Charles Sept, l'Ecole attaqua, sans esclandre,
Mais efficacement, Chastellain reste à prendre,
Mais sortent Molinet, Saint-Gelais et Crétin,
De Belges Jean Lemaire et Bouchet au matin,
Bien avant la Pléiade et son divin méandre,
Le père de Louis Douze en Muses festin,
Grand, Charles d'Orléans, son cousin au destin
D'être bon, Roi René, de l'Anjou le Mènandre,
Et puis vint la jointure avec le temps nouveau,
Michault, François Villon tel un Verlaine en cendre,
Où comédie en mœurs est d'un autre niveau,
O l'amour, et déjà Jean Marot, renouveau
Qui par son fils Clément verra tout l'écheveau,
Pierre Gringore, encore aux tréteaux de la foire,
Catherine d'Amboise aux regrets du passé,
D'autres toujours, tel Jean Parmentier, compassé,
Et Moyen Age alla, dans son tombeau pressé ;
Or, malgré tant d'oubli, reste une belle Histoire.

XXXIX

En Italie, au temps de l'amour médiéval,
Vint Dante, le plus grand, l'amant de Béatrice,
Poète philosophe et souvent sans rival,
Divine Comédie est l'œuvre directrice
De sa vie, on y voit l'homme en cycle infernal,
Comme plus tard Milton d'un même sacrifice
Dira le Paradis perdu, c'est un chenal
Vers celui retrouvé, qu'il chante en son auspice,
Dante était la sagesse et le savoir propice,
Prônant langue nouvelle, et commune en l'espoir
Du peuple qui l'emploie, en un nouveau pouvoir,
Ce poète déjà, dans un bon exercice,
En latin vit l'ancêtre, à l'antique savoir,
De tout parler roman, c'était vrai, quel semoir,
Il voulait les pouvoirs partagés pour office,
Tels Montesquieu, Rousseau, mais Rome pour sommet,
Alors survint Pétrarque, autre force motrice,
Préoccupé de langue aussi, tout son art met
Le sonnet en exemple, où sa Rime est armet,
Sans compter le Triomphe, à l'éternel plumet,
Bien avant l'Arioste au Roland qui s'avance
Furieux, et Le Tasse, en qui Jérusalem
Est délivrée, ainsi, sans plus de requiem
L'Italie orne un Art, qui d'Horace est idem,
Et d'Ausone ; l'espace en garde résonnance.

Maria da Graça Nobre de Campos :
Au tombeau est descendue

XL

Laure, qui de Pétrarque est l'amie, au tombeau
Est descendue, un peuple honore sa mémoire,
Tous les pétrarquisants allument le flambeau,
Camoëns, portugais, tout dantesque en sa moire
Aussi, d'Adamastor chantant l'âpre corbeau,
Gongora, Calderon, Lope de Vega voire,
L'Espagne, et Benserade, et Voiture fort beau,
L'Hôtel de Rambouillet, pétrarquisant notoire,
Mais il y avait eu la Pléiade en l'Histoire,
Ronsard, et son ami Joachim du Bellay,
Défense de la langue, et sans plus de délai,
Illustration telle, à Paris, pour la gloire,
A Fontenay-le-Comte, Ecole sans déblai,
C'est Nicolas Rapin qui prit l'autre balai,
Et Louise Labé dans Lyon pour victoire,
Ah ! citons la Pléiade aux poètes ardents,
Passerat et Magny, La Boétie, ivoire
D'amitié pour Montaigne en sa tour, confidents
Des Muses c'est Pontus de Tyard et, prudents,
Belleau, Baïf, Jodelle, et même, débordants,
Guillaume des Autels, Bastien de La Péruse,
Peletier du Mans, mais Vaux-de-Vire, ô destin,
Avant La Calprenède, ou Desportes, satin,
Régnier, tel Juvénal de Satires mutin ;
Les cultes se battaient, mais poète est sans ruse.

XLI

Or, il y eut jadis, hôtel de Rambouillet,
La plus belle Guirlande, offerte pour Julie,
Fille de la marquise, en noce, ô ton douillet,
Son promis, Montausier, y rima foi jolie,
Son père, le marquis, aussi, charmant feuillet,
Ses amis mêmement, pour sa grâce embellie,
Sans Cotin, sans Voiture, et Ménage en billet,
Ni Benserade, on trouve, avec mélancolie,
Chapelain, des Maretz, Malleville, ô scholie,
Scudéry, Cérisy, Corneille avec Martin,
Colletet, Corbeville, Habert et, d'un matin,
Tallemant des Réaux, d'Andilly, panoplie
Avec Montmor-Habert, Briotte, et quel destin,
Gombaud, Godeau lui-même, et ce n'est pas fretin,
Régnier n'était plus là, pour, d'une voix polie
Attiser la Satire, et d'Aubigné vaincu,
Malherbe avec Racan, au bercail sans folie,
Rotrou, Regnard, Quinault, Boileau mal convaincu
N'insultait Saint-Amant, Théophile, invaincu,
Etait mort, et l'abbé de Pure eut survécu,
S'il n'eut, des Purotins, sur son nom, prit la tête,
Ecole décriée en sa componction,
Législateur ardent, Boileau, sans onction,
Le dit ; mais la Guirlande, en sa conviction,
Embellissant Julie, orne encor notre fête.

XLII

Molière réagit contre les Précieux,
Comme avaient fait Régnier, Boileau, Malherbe même,
Commedia d'Arte pour improviser, mieux
N'en sut Tristan L'Hermite ou Saint-Amant qu'on aime
Malgré Boileau, mais fut le Dix-Huitième vieux
Dans sa contention, où certes Ducis sème,
Quand Lebrun de Pindare invoque en vain les cieux,
Il n'est pas comme lui de Corinne en sa gemme
L'amant comme l'élève, on l'oublie, ô poème,
Delille, Saint-Lambert, Chaulieu marquent le pas,
Comme Houdar de La Motte, inutiles appas,
Jean-Baptiste Rousseau, qui meurt de son problème,
Piron, qui ne fut rien, Voltaire trop, trépas
Quand Florian enfin, dans un dernier lampas,
De La Fontaine prend l'habit comme un emblème,
Et puis survient déjà le romantisme ardent,
Chénier comme Parny quand vogue la trirème,
C'est une explosion de lyrisme impudent,
Avant le dur Parnasse, avant le décadent,
C'est Leconte de Lisle au mythe sous la dent,
Hérédia, Trophée ouvre-moi la mémoire,
Dans une implosion notre siècle s'en va,
Symbolisme n'est plus, dont un monde rêva,
Surréalisme ; où chante encore une diva,
Muses, tel réalisme, ont regagné l'armoire.

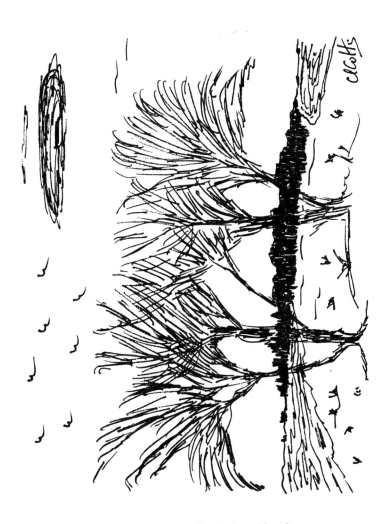

Claude Cotti : *Enfin la Posthistoire*

XLIII

Enfin, la Posthistoire adviendra de nouveau,
Qui n'est, avec le temps, que Préhistoire en passe,
Comme l'électron-dieu, cycle d'autre niveau,
Né sans commencement, d'extraterrestre impasse,
S'incarne en petit dieu, qu'Esprit en renouveau,
De Substance attribut, forme humain qui trépasse,
En perdant ses Pouvoirs, Voltaire, en son cerveau,
Hugo, l'intuitif, le disert, vers l'espace,
En vers, Léopardi que Verbe ne compasse,
Mickiewicz, Holderlin, y sentent l'avenir
Du passé, que transgresse un autre souvenir,
Vert-Vert, de par Gresset, répétait, passe-passe,
Les gros mots, dont Mémoire a vu tombe jaunir,
Chénier, décapité, n'avait rien pu tenir,
Lamartine, en son Lac, voulait temps moins rapace,
Pour Elvire, et Musset pleurait Muse par Nuit,
Vigny, par tour d'ivoire, expectorait l'audace,
Marceline pleurait pour un amour qui nuit,
Delavigne était beau comme un dernier minuit,
Nerval aussi, Moreau, Guttinguer, quel circuit,
Heine, les von Arnim, de même en Allemagne,
Et La Motte-Fouqué, qui fut bon allemand,
Par le poème en prose, et le vers, le talent
Saisit toute l'Europe ; et le destin fut lent,
Au bal du souvenir, mais donna guerre et bagne.

XLIV

Au banquet, hors la vie avalant sa cuiller,
Gilbert, jeune poète est mort sans la fortune,
Et fut triste convive, Arvers était son pair,
D'un sonnet il vécut, Novalis s'importune,
Moreau, de la Voulzie, à Provins au flot clair,
En vain célébra l'onde, et Rimbaud, sans rancune,
Partit, abandonnant de la Muse l'enfer,
Par Saison, dont Verlaine a pleuré l'infortune,
Mais il est des accents, Brentano, sans lacune,
Gœthe, qui sur Divan, d'Hafiz entend la voix,
Byron, qui de la Grèce écoute les pourvois,
Mort à Missolonghi, combattant sur la dune,
Comme jadis l'hoplite ignorant les pavois,
En laçant sa cnémide, et dans tous ces convois,
Byron fut influent, psychose en la tribune,
Sur Pouchkine, après lui Lermontov en regret,
L'Europe romantique était d'heure opportune,
Quand mourait le poète Eminescu secret,
O Pouchkine, ô Byron, le fer est couperet
Tel qu'en Chénier, mais Poe, en un autre intérêt,
Sur l'Europe meurtrie asséna cor moderne,
Comme un nouveau Roland pour tous les Roncevaux,
La France vénéra, d'un élan, ses travaux,
Mallarmé, Baudelaire, en faisaient écheveaux,
Les Goncourt ; et mourut Lautréamont en berne.

XLV

Mais l'espace euclidien était mort pour toujours,
Boole en sonnait le glas en sa nouvelle algèbre,
Dans le calcul binaire un monde voyait jours,
Des ensembles calcul alternatif célèbre
Dominait l'horizon, géomètre en tambours,
Pulsation cosmique, ignorait ta vertèbre,
Langevin, Einstein, Planck, de l'atome en concours
Voyaient points de Lagrange, et quark fut, spin qu'on zèbre,
Nombre d'Or, en son Verbe, abhorrait sort funèbre,
Et le photon créait, dieu hors Masse au cartel,
Il restait le poète, au-dessus de l'autel,
Et Tao Yuan-ming, qu'on connaît mieux que Guèbre,
En Chine n'a vieilli, son vers est immortel,
Sapho, de par la Grèce, en chaumière et castel,
Mille ans fut déclamée, et gagna même l'Ebre,
Homère pour toujours garde tel souvenir,
Au sein de la Mémoire où rien ne s'enténèbre
Malgré l'eau du Léthé, qu'il est en devenir,
On le chante, on le joue, on ne peut le honnir,
Zoïle est mort d'envie et n'a rien pu ternir,
Aristarque a glosé pour mieux servir sa gloire,
Toukârâm le Mahratte est resté vérité,
Demeure poésie, en vrai Nombre beauté,
Corpuscule et cosmos du temps sont nœud pointé ;
Le poète, sans fond, plonge au cœur illusoire.

Marguerite du Bord :
Mais l'espace euclidien était mort pour toujours

TABLE DES MATIERES

ACHEVE D'IMPRIMER
LE 15 OCTOBRE 1985
SUR LES PRESSES DE
L'IMPRIMERIE REPROTYP
14110 CONDE-SUR-NOIREAU
FRANCE

N° d'Editeur :
ISBN 2-85305-094-7

N° d'Imprimeur : 816
Dépôt légal : octobre 1985

Imprimé en France